POLITIQUE D'APAISEMENT

PAR

P. FLEURY

Membre du Conseil général de l'Orne

PARIS

IMPRIMERIE DES « ANNALES POLITIQUES ET LITTÉRAIRES »

15, rue Saint-Georges, 15

1890

POLITIQUE D'APAISEMENT

PAR

PAUL FLEURY

Membre du Conseil général de l'Orne

Imprimerie des ANNALES, 15, rue Saint-Georges. — Paris.

POLITIQUE D'APAISEMENT

I

Depuis vingt ans qu'elle existe, la République, en dépit de ses victoires électorales, se trouve toujours en présence d'une opposition qui prétend la renverser.

Ce n'est pas que ceux qui l'attaquent, et qui, depuis si longtemps, annoncent vainement sa chute, conçoivent de bien vives espérances sur la restauration d'un régime monarchique quelconque ; — unis pour renverser la République, ils comprennent qu'ils ne pourraient s'entendre pour la remplacer, et que leur première victoire serait aussi le premier signal de leurs divisions.

Il est, pour une restauration monarchique, un autre obstacle aussi grand qui consiste dans la défiance instinctive du pays qui refuse, malgré les pressants appels qui lui sont faits, de suivre des gens dont il redoute, à juste titre, une révolution.

Est-ce à dire que la République n'ait plus rien à redouter, et qu'elle demeure, pour toujours, hors d'atteinte ? Bien téméraires et oublieux des surprises de notre histoire contemporaine seraient ceux qui oseraient l'affirmer.

— Plus audacieux encore ceux qui penseraient que, pour établir définitivement la République, il suffit d'avoir vaincu ses adversaires, et qui dédaigneraient de les désarmer et de les gagner.

Cette politique d'apaisement, le pays l'exige.

Cela est si vrai, que partisans et adversaires de la République se défendent à l'envi de vouloir troubler la tranquillité générale ; — dans ce but, les monarchistes déguisent, de leur mieux, leurs tentatives de restauration, et n'osent que rarement déployer leur drapeau ; d'autre part, presque tous les républicains sont d'accord pour déclarer qu'ils veulent une république tolérante et ouverte à tous.

Malheureusement, les actes ne sont pas toujours d'accord avec les déclarations et les paroles.

Les monarchistes n'ont pas encore cessé de rechercher toutes les occasions de renverser le gouvernement républicain. Le pays a jugé sévèrement leurs vaines tentatives, mais il jugerait avec une égale rigueur ceux qui traiteraient tout opposant en rebelle et qui confondraient la République avec un parti. Il ne veut pas plus d'une majorité tyrannique que d'une opposition révolutionnaire.

Lorsqu'il a vu, en dépit de leurs principes, des hommes d'ordre conclure alliance avec les pires ennemis de l'ordre, il n'a rien compris à cette politique, il l'a condamnée. D'un autre côté, il a pu voir, pour repousser cette coalition, les républicains les plus modérés se rallier aux autres, subir leur doctrines et accepter quelques-unes de leurs exigences.

Maintenant que la lutte est suspendue, ne serait-il pas temps, pour tout le monde, de rompre ces alliances disparates, et de mettre à profit les leçons récentes données par les évènements ?

Sans doute, ce serait beaucoup espérer que de croire que tous les Français vont tomber subitement d'accord pour mettre fin à leurs divisions politiques. Trop de révolutions, depuis un siècle, ont bouleversé la France, en renversant ou restaurant trois monarchies, qui ont eu leur grandeur, leurs partisans convaincus et fidèles, pour que l'heure soit si tôt venue du définitif renoncement aux espérances dynastiques.

Mais, si les chefs sont encore nombreux auprès des prétendants, il faut bien reconnaître que beaucoup de ces chefs sont divisés entre eux, et que plus divisés, plus hésitants surtout sont ceux qui les suivent.

C'est une armée qui, les jours de bataille, c'est-à-dire les jours de scrutin, peut réunir de nombreux soldats, mais qui, ayant toujours vu la victoire lui échapper, ressent, au lendemain de chaque insuccès, une lassitude d'autant plus grande qu'elle ne voit pas où pourrait la conduire cette victoire même, inutilement poursuivie.

Il ne faut donc pas s'étonner que, parmi les chefs de cette armée, non pas, sans doute, parmi ceux que leurs relations, leur passé et peut-être aussi leurs personnelles espérances lient étroitement aux prétendants, il s'en trouve plusieurs, à l'heure actuelle, désireux de conclure un armistice pouvant aboutir à un traité de paix.

Des négociations ne paraissent pas encore engagées, il n'est question, pour l'instant, que d'une attitude moins belliqueuse, prélude d'une tactique nouvelle. Ceux qui ont pris l'initiative de ce mouvement, déclarent reconnaître les faits accomplis et accepter la République : ils se séparent des prétendants et portent leur opposition sur le terrain constitutionnel.

Quels que soient les motifs qui l'aient fait naître, ce nouveau parti, attaqué et suspecté à gauche aussi bien qu'à droite, s'impose à l'attention publique.

Les hommes politiques qui se sont mis à sa tête, ont eu, véritablement, conscience de l'instinct conservateur qui demande le maintien du gouvernement établi ; il leur a fallu aussi un réel courage pour se séparer de leurs anciens amis qui demeurent engagés dans les liens d'une opposition dynastique et, par cela même, irréconciliable.

C'est pourquoi, de ce côté, ni les railleries, ni les reproches ne leur ont été épargnés.

Le ressentiment des partis monarchiques est profond, ils se sentent menacés d'une désertion qui deviendrait promptement considérable, si ces premiers transfuges allaient recevoir, de la part des républicains, un accueil quelque peu engageant. Ils se sont donc empressés de déclarer qu'il n'en serait rien, et qu'entre les républicains et eux, les nouveaux dissidents, isolés et perdus, seraient bientôt forcés de rejoindre, non sans quelque confusion, le camp monarchique. Nous espérons que cette prédiction, ou plutôt cette menace, ne se réalisera pas, et que le parti républicain se montrera assez habile pour profiter d'une évolution dont il peut, pour le plus grand profit du pays, retirer de grands avantages.

Sans doute, parmi les républicains il s'en est déjà trouvé pour déclarer qu'il importe peu que l'opposition reconnaisse ou ne reconnaisse pas la République, qu'il ne pouvait exister ni trève ni conciliation, et que mieux valait toujours combattre de pareils adversaires que de prétendre les attirer à soi. Mais, à côté de ces républicains, il en est d'autres qui se montrent plus soucieux d'apaiser nos discordes et qui sont disposés à témoigner de sentiments plus conciliants. Tant que ces derniers se sont trouvés, seulement, en présence d'adversaires décidés à renverser, par tous les moyens, la République, ils ont cru devoir sacrifier quelques-unes de leurs idées pour ne pas diviser, au milieu du combat, le parti tout entier. Ils ne sauraient manquer, maintenant, de vouloir mettre à profit les premiers symptômes de modération donnés par une opposition si longtemps intraitable, il est de leur devoir de revenir à une politique plus conforme à leurs véritables sentiments. Pour eux le moment est venu de sortir de leur effacement et d'avoir le courage de leur modération. L'intérêt de la République, telle du moins qu'ils la voudraient, leur commande d'agir, et d'agir promptement, pour affronter les attaques auxquelles ils doivent s'attendre. Qu'ils se rappellent, s'il en est besoin, l'avertissement toujours bon à méditer de M. Thiers : *La République sera conservatrice, ou elle ne sera pas.*

Jusqu'ici, les républicains modérés ont été souvent réduits à une attitude effacée ; une occasion s'offre à eux de remplir un autre rôle. C'est à eux surtout qu'il appartient de ne pas repousser les nouvelles recrues qui viennent à la République, et de leur faire place dans leurs rangs.

Cette tâche semble désormais facile ; l'obstacle, si longtemps insurmontable, qui les séparait n'existe plus, puisque les uns comme les autres sont résolus à maintenir la République.

Des divergences d'opinions existent entre eux mais n'en existe-t-il pas d'importantes entre une autre fraction du parti républicain ? A défaut d'une entente commune, conservateurs de droite comme de gauche resteront livrés à une égale impuissance. Qu'ils s'unissent, ils deviendront une force avec laquelle il faudra compter. Ne sont-ils pas déjà d'accord pour repousser ces projets aventureux figurant dans certains programmes, tels que ceux de la suppression du Sénat, de l'impôt progressif sur le revenu, de l'abolition du concordat, de la séparation de l'Etat et de l'Eglise ?

Il n'est pas surprenant qu'après une trop longue scission, on observe une certaine réserve et que, malgré un mutuel et secret désir de rapprochement, chacun continue de se regarder avec quelque défiance. Ce qu'il ne faut pas, c'est que cette situation se prolonge. Il importe de dissiper ces doutes, il ne s'agit plus de se suspecter, mais de faire preuve d'une égale sincérité. Que ceux qui viennent à la République rompent plus résolument encore avec les partis monarchiques, et que les républicains ne leur marchandent plus l'accueil auquel ils ont droit. Ainsi que le rappelait récemment l'éloquent député M. Paul Deschanel, n'est-ce pas M. de Freycinet qui a dit, après la crise du 16 mai : « Quand on est la majorité » on peut et on doit faire des choses qui ne sont pas permises à la minorité. — On doit faire les avances ; — c'est » de la faiblesse quand on est le plus faible mais ce n'en » est pas quand on est le plus fort. »

C'est donc aux républicains qu'il appartient d'encourager et de hâter la marche des nouvelles recrues, en les conviant sur un terrain où les rangs puissent se confondre, au prix de sérieuses et mutuelles concessions.

Ces concessions sont indiquées d'avance par l'opinion publique, ce sont les lois sur l'enseignement primaire et sur le recrutement de l'armée qui doivent les fournir.

S'il fallait en croire ce qui s'imprime dans beaucoup de journaux, ce qui s'est dit à la Chambre des députés, il serait interdit de porter une atteinte quelconque à ces deux lois, sous peine de déserter et de trahir la République.

En serait-il vraiment ainsi? Ces lois seraient-elles si parfaites, auraient-elles si efficacement servi la République qu'elles seraient devenues les bases fondamentales sur lesquelles repose l'édifice tout entier? Que les républicains s'interrogent avec sincérité, qu'ils oublient, s'il est possible, ce qu'on pourra penser de leur aveu : nous serions bien surpris que leur réponse fût aussi affirmative.

II

Quelque opinion qu'on puisse avoir de ces lois, n'est-ce pas en méconnaître et dénaturer l'esprit que de les considérer comme des moyens de persécution religieuse?

Parmi ceux qui les ont votées, il a pu s'en rencontrer qui étaient animés de l'esprit de secte et d'intolérance, mais il serait juste de reconnaître que la plupart pourtant n'obéissaient pas à des préoccupations de cette nature, qu'ils ont toujours repoussées comme autant de calomnies. Leurs pensées étaient plus hautes. En laïcisant l'école, ils n'ont pas supposé que ce fût porter atteinte à la religion que d'en réserver l'enseignement à ses ministres, et c'est au nom de la liberté de conscience qu'on les accuse de méconnaître, qu'ils ont prétendu séparer la religion de l'enseignement devenu obligatoire. De même aussi, en décidant que le service militaire ne comporterait plus d'exceptions que celles qu'exigent les infirmités et la faiblesse, ils ont eu un autre but qu'une odieuse vexation. Ils ont pensé que, dans une société essentiellement égalitaire comme la nôtre, la plus lourde charge, fût-elle la plus glorieuse, devait être imposée à tous pour être facilement acceptée de tous. On accuse les républicains de vouloir dépeupler les séminaires, mais on ne les a jamais soupçonnés de vouloir empêcher le recrutement des écoles normales; et cependant les obligations du service militaire sont les mêmes pour les élèves ecclésiastiques que pour les élèves des écoles normales. N'est-ce pas la meilleure justification à opposer à de telles attaques?

Mais, si ces lois sont exemptes des inspirations qui leur ont été prêtées, en résulte-t-il que ceux qui les ont votées, que ceux qui les ont approuvées n'aient pu se tromper, qu'elles soient irréprochables, qu'elles n'aient donné lieu à aucun abus, qu'elles ne puissent être ni revisées ni modifiées d'aucune sorte?

Il ne servirait de rien de vouloir le cacher, ces lois ont eu le malheur d'augmenter nos discordes. La loi sur l'enseignement primaire, notamment, a rencontré une telle résistance que le gouvernement ne s'est jamais senti assez résolu pour en imposer la stricte exécution. De telle sorte que des trois principes sur lesquels elle repose, on peut dire qu'un seul, celui de la gratuité, a reçu son application.

L'instruction a été proclamée obligatoire, mais les écoles ne sont pas beaucoup plus fréquentées qu'elles étaient auparavant, les absences sont nombreuses et demeurent impunies, les commissions scolaires, sauf dans quelques villes, ne se réunissent jamais; ce n'est pas une négligence de leur part, mais un véritable parti pris. Nos législateurs, en effet, ont eu le tort de ne pas prévoir que ces commissions, recrutées parmi les conseils municipaux, auraient toujours la préoccupation, en somme bien naturelle, de ne pas s'aliéner par des mesures de rigueur, si modérées fussent-elles, les suffrages de leurs électeurs.

Quelles qu'en soient les causes, le fait existe, l'instruc-

tion obligatoire n'est qu'un vain mot dans l'immense majorité des communes de France.

Le principe de laïcité a reçu une application plus sérieuse, l'on sait au prix de quelles luttes et de quelles attaques. Cette application, cependant, est bien incomplète. Sans doute, au point de vue du personnel, un grand nombre d'écoles ont été laïcisées, mais l'enseignement religieux, officiellement exclus, y demeure toujours, sauf dans quelques grandes villes, toléré et appris. Il a dû en être de la sorte, sous peine de voir déserter ces écoles.

Ainsi donc, le parti républicain, qui a voulu la laïcisation du personnel pour assurer la laïcité de l'enseignement, en est réduit à tolérer l'enseignement religieux, même dans les écoles nouvellement laïcisées. D'un autre côté, dans les quelques grandes villes où il n'en a pas été de même, on a pu constater que le principe de la neutralité, si séduisant en théorie, demeurait exposé à des atteintes d'un autre genre, et qu'il fallait veiller à ce que les croyances religieuses, qu'on n'enseignait plus, ne fussent pas, à leur tour, attaquées dans les écoles.

L'obligation et la neutralité de l'enseignement ne sont donc, presque nulle part, strictement observées. Il en résulte, pour le gouvernement républicain, la plus mauvaise des situations : il n'ose appliquer la loi, et n'en reçoit pas moins les attaques d'une opposition déchaînée contre lui comme s'il l'appliquait dans toutes ses exigences. Etait-ce bien la peine de se créer tant d'ennemis pour arriver à un pareil résultat? N'eût-il pas mieux valu se borner à supprimer les lettres d'obédience et laisser aux communes le droit de résoudre à leur guise cette question de l'enseignement qui divise le pays en deux fractions également convaincues et presque également puissantes? A ceux qui objecteraient que la jeunesse française eût continué de recevoir ainsi une direction différente, de nature à entretenir et perpétuer les divisions les plus regrettables, il serait facile de répondre : qu'à moins d'enlever aux instituteurs congréganistes le droit d'ouvrir des écoles privées, ces divisions seront rendues autrement profondes qu'elles n'étaient autrefois, lorsque l'Etat conservait la nomination du personnel congréganiste et lui imposait un programme d'enseignement. Il pourrait donc se faire que, en abandonnant ce droit pour établir dans toutes ses écoles publiques une laïcité qu'elle ne peut imposer ni maintenir, la République n'eût fait, en réalité, qu'un marché de dupe.

Cependant, malgré toutes ces critiques, si fondées qu'elles nous paraissent, il faut bien convenir qu'il n'existe à l'heure actuelle, ni dans le Parlement, ni dans le parti républicain, une majorité disposée à restituer aux communes leur ancien droit de choisir entre l'enseignement donné par des instituteurs congréganistes ou des instituteurs laïques.

On peut le regretter, car en ramenant la lutte sur le terrain communal, le parti républicain en changerait le caractère et le danger; son gouvernement se débarrasserait, de la sorte, d'ennemis acharnés qui ont concentré sur lui seul leurs efforts coalisés. Il cesserait d'être l'enjeu du combat, c'est le pouvoir municipal qui en deviendrait le prix. Mais à quoi bon ces regrets ! La politique se prête mal aux revendications stériles, elle doit borner ses efforts à ce qu'elle peut obtenir.

S'il ne peut être question d'amener les républicains à renoncer à aucun des trois principes de gratuité, d'obligation et de laïcité sur lesquels repose la loi sur l'enseignement, il n'est pas téméraire de penser que beaucoup d'entre eux sont, dès aujourd'hui, disposés à faire subir à ces principes des modifications ayant pour effet de mieux concilier les croyances religieuses de chacun avec l'indépendance de l'enseignement.

Spécialement, en ce qui concerne la laïcité, ils reconnaîtront nécessaire de faciliter à l'enfant tous les moyens d'acquérir au dehors l'enseignement religieux. Dans les campagnes, aussi bien que dans les villes, il existe un grand nombre de familles qui, en raison de leurs travaux, ne sauraient s'occuper de l'éducation religieuse de leurs enfants. Il ne suffit donc pas de tolérer que les instituteurs et les institutrices conduisent à l'église, si cela leur convient, leurs élèves pour y recevoir les leçons du catéchisme, il faut, sur la demande des parents, leur en donner l'autorisation formelle.

Sans rechercher, ici, toutes les modifications, en ce sens, dont la loi sur l'enseignement pourrait être susceptible il suffira d'ajouter que toutes mesures de tolérance et de conciliation seraient favorablement accueillies par le pays, et qu'elles pourraient fournir les gages d'une entente entre ceux qui se préoccupent de sauvegarder l'indépendance de la société civile et ceux qui veulent, à non moins juste titre, assurer chez l'enfant le respect et le maintien des croyances religieuses.

En attendant, le Gouvernement nous semblerait bien inspiré, lorsqu'il s'agira de laïciser de nouvelles écoles, d'user de temporisation, chaque fois qu'il se trouvera en présence d'une opposition déclarée des conseils municipaux. Il est vrai que ces mutuelles concessions ne satisferaient pas les partis extrêmes qui ne veulent rien abandonner de leurs maximes qu'ils placent au-dessus de la paix publique, mais elles donneraient une réelle satisfaction à tous ces esprits moins ardents, plus réfléchis, qui ne sont pas dupes de cette prétendue intransigeance, et qui par leur nombre font la loi entre tous les partis.

III

La nouvelle loi sur l'armée a subi des attaques presque aussi violentes que celle sur la réforme de l'enseignement primaire.

Les critiques qu'elle a soulevées sont d'ordre différent.

Les unes sont relatives aux inconvénients qui résulteraient pour notre armée de la réduction à trois ans de la durée du service. Mais si les avis de nos meilleurs généraux peuvent différer à ce sujet, on peut dire que l'opinion publique s'est presque unanimement prononcée en faveur de cette réduction qui peut être considérée comme définitive.

La même adhésion ne s'est plus rencontrée quand il s'est agi de régler dans quelles conditions s'opérerait le recrutement de cette armée. Par suite de nos mœurs démocratiques, le principe de l'obligation du service militaire pour tous s'imposait et devait recevoir un accueil favorable. Cependant, lorsqu'il s'est agi de passer à l'application, on s'est vite aperçu que, sous peine de désorganiser les services publics, sous peine d'entraver les carrières libérales et de porter une dangereuse atteinte à la gloire intellectuelle de la France, qui a toujours été l'égale de sa gloire militaire, il était indispensable de faire subir quelques dérogations à ce principe.

A la suite d'une heureuse entente avec le Sénat, d'utiles modifications furent apportées à la loi votée par la Chambre. Telle qu'elle existe, cette loi ne continue pas moins de soulever d'ardentes critiques dont quelques-unes, qui sont fondées, pourraient recevoir satisfaction, sans qu'il en coûtât beaucoup.

Pourquoi, par exemple, ne serait-il pas permis de devancer l'appel, à partir de dix-huit ans, aux jeunes gens soumis, en raison de leur carrière, à une seule année de service militaire ? Cette faculté, si elle leur était donnée, leur permettrait, soit de ne pas interrompre leurs études, soit de choisir le moment où cette interruption leur serait le moins préjudiciable. Pourquoi, lorsqu'ils auront satisfait, pendant un an, au service militaire, appeler encore au maniement des armes, pendant des périodes de vingt-huit et treize jours, les instituteurs et les ministres des cultes qui sont, en temps de guerre, destinés au service des ambulances et des hôpitaux ?

De pareils appels, s'ils devaient avoir lieu, froisseraient, avec raison, l'opinion publique qui n'y pourrait voir qu'une inutile vexation. Si l'on tient absolument à ne pas les dispenser de ces convocations, qu'on les réunisse, du moins, dans les hôpitaux où ils 'seront initiés aux soins qu'ils peuvent être appelés à remplir plus tard auprès des blessés. De pareils changements seraient favorablement accueillis et ne porteraient aucune sérieuse atteinte au principe même de l'égalité du service militaire.

IV

Ces réflexions nous amènent à répéter ici, sous forme de conclusion, que la loi militaire, aussi bien que la loi sur l'enseignement primaire, ne sont pas de celles auxquelles il soit interdit de toucher, mais qu'elles peuvent être, au contraire, sérieusement modifiées, dans un but de pacification et de concorde, dans l'intérêt, que nous croirions bien entendu, de la République elle-même. Elles peuvent fournir aux républicains les gages d'une réconciliation avec les conservateurs de droite qui accepteraient, sincèrement, le gouvernement de la République.

Assurément, il se trouvera des républicains pour dénoncer cette alliance comme une naïveté, voire même une trahison. Mais qu'importe, si ceux qui doivent être l'objet de cette imputation et de cet outrage sont soutenus par la pensée qu'ils remplissent un véritable devoir social ?

N'existe-t-il pas, d'ailleurs, dans ce qu'on appelle le programme radical des projets dont les républicains les plus avancés renoncent eux-mêmes à poursuivre l'exécution, à la suite de la défaveur que ces projets ont rencontré dans le pays, aux élections législatives dernières ?

Ces républicains ne peuvent pas s'étonner que les républicains plus modérés revendiquent leur place dans l'orientation politique. S'ils ont été réduits, plus d'une fois, à les suivre, c'est que l'opposition monarchique, résolue à renverser la République, les a mis dans la nécessité d'oublier leurs divergences d'opinion pour défendre la cause commune. Il en a été ainsi, il en sera toujours de même, chaque fois que l'existence de la République sera mise en danger et qu'il s'agira de combattre ces adversaires déclarés. Mais, aujourd'hui, la situation change.

Une partie de nos anciens adversaires renonce à lutter contre la République, elle l'accepte comme un gouvernement définitivement établi. Pour se joindre aux conservateurs de droite, ralliés à la République, que peuvent donc attendre les républicains ? Il suffirait d'un mouvement de leur part pour que la désertion devînt de plus en plus grande dans le camp monarchique.

Il faut prendre garde, par hésitation, timidité ou défiance, de décourager les auxiliaires qui s'offrent à nous. Ceux-ci, se voyant raillés par leurs anciens amis, suspectés par les républicains, pourraient renoncer, à pousser plus loin une tentative qui leur fait pourtant honneur. Il serait trop tard alors de leur tendre la main, et les républicains modérés auraient manqué l'occasion de fonder un parti véritablement conservateur, capable, par le nombre et la valeur de ses adhérents, d'exercer le pouvoir.

Si cette fusion, si désirable, ne se fait pas, nous continuerons de voir les conservateurs de droite s'épuiser en stériles efforts, dépenser, en vain, leurs forces et leurs talents pour restaurer des monarchies rivales, pendant que les conservateurs de gauche en seront toujours réduits à subir, plus ou moins, une politique dont ils n'ont pas la direction. Ne faudra-t-il pas craindre aussi que le pays, qui a déjà témoigné sa lassitude d'une situation si confuse, ne s'abandonne, pour en finir, aux mains d'un dictateur ? Pour éviter ce malheur qui conduirait la France à la guerre civile et à la guerre étrangère, tous les hommes modérés, tous ceux qui ne sont pas dominés par les passions, les rancunes et les ambitions des partis, ne devraient-ils pas s'unir, sous le drapeau de la République, pour faire prévaloir une politique de conciliation et d'apaisement ? L'équivoque dans laquelle nous vivons, et qui peut nous perdre, se dissiperait vite. Réduits à leurs seuls partisans, les partis monarchiques seraient bien forcés, sous peine d'abdiquer, de poursuivre, au grand jour, l'œuvre révolutionnaire à laquelle il leur faut travailler pour le rétablissement de leurs princes : on pourrait alors juger du petit nombre de leurs partisans.

Il deviendrait désormais facile de rencontrer une majorité dans le Parlement, et, pour composer un ministère, le président de la République ne serait pas réduit à combiner un savant mélange de radicaux et de modérés, continuellement à la recherche d'une majorité qui ne se forme souvent que pour les renverser. Chacun retrouverait sa dignité et son indépendance.

Entre ces diverses politiques, le pays serait juge et saurait, au moins, où l'on prétend le conduire. Le régime parlementaire, tant attaqué, par ceux qui font bon marché des libertés publiques, retrouverait une vigueur nouvelle et nous donnerait des ministères qui seraient assurés d'un lendemain, qui ne craindraient plus de se voir abandonnés par une majorité de rencontre.

Ce but peut être atteint, et les républicains doivent tenir à honneur qu'on ne puisse leur reprocher qu'il a été manqué par leur faute. Contre les injures et les calomnies qui les attendent, ne leur suffira-t-il pas de leurs convictions et des sympathies nombreuses qu'ils rencontreront dans le pays? Qu'ils écoutent sa voix: Il redoute les révolutions, il veut conserver la République, mais il est fatigué de toutes nos discordes, il appelle énergiquement au pouvoir ceux qui voudront travailler à l'apaisement nécessaire à son travail, plus nécessaire encore à sa sécurité extérieure.

Combien nos querelles nous sembleraient misérables et peut-être coupables, si, moins aveuglés par nos passions politiques, nous savions voir ce qui se passe au delà de nos frontières. Certes, devant une attaque de l'étranger, tous les partis, sans exception, sauraient, comme ils l'ont déjà fait, oublier leurs rancunes pour ne plus se souvenir que du péril qui nous menacerait tous. Mais pourquoi épuiser d'avance nos forces, pourquoi ne pas travailler, dès maintenant, à assurer l'union entre tous les Français? Cette tâche est assez grande, dût-elle échouer, pour justifier l'ambition de ceux qui oseraient l'entreprendre, elle est assez noble aussi pour qu'on puisse dire qu'il manquera quelque chose à la gloire de notre République, tant qu'elle n'aura pas su l'accomplir.

PAUL FLEURY

Conseiller général de l'Orne.

Imprimerie des ANNALES, 15, rue Saint-Georges. — Paris.

www.ingramcontent.com/pod-product-compliance
Lightning Source LLC
Chambersburg PA
CBHW060719280326
41933CB00012B/2488